한발 물러 고요를 보다

홍비표 시집

이 도서의 국립중앙도서관 출판예정도서목록(CIP)은
서지정보유통지원시스템 홈페이지(http://seoji.nl.go.kr)와
국가자료종합목록 구축시스템(http://kolis-net.nl.go.kr)에서
이용하실 수 있습니다. (CIP제어번호 : CIP2020009457)

한발 물러 고요를 보다

홍비표 시집

시인의 말

작은 위로가 될 수 있다면

오랫동안 몸담았던 직장을 떠나 가을 녘 허허벌판에 서 있었습니다. 마음을 안으로 채찍질하여 나만 홀로 걸을 오솔길을 닦아야겠다고 다짐하며 시에 다가서기 시작했습니다. 내면에 꽃이 피어나는 소리와 푸른 숨소리에 귀 기울이며 살고 싶었습니다.

언제 올지 모르는 詩想을 기다리며 새벽 사립문 앞을 서성이기도 하고 밤늦도록 그려놓은 모습에 숨결을 찾아 넣으며 고운 눈빛 깨우고 환한 웃음 피우려 지우고 또 지우며 수없이 임을 보내기도 했습니다.

고비길 마주하여 돌아설까 멈추려고 할 즈음 한 줄기 빛으로 때로는 한 자락 산들바람으로 찾아와 졸린 시혼 깨워주신 여러분께 고마움을 전합니다.

내 한 편의 시라도 거칠고 외로운 길을 가는 그 누구에게 작은 위로가 될 수 있다면 더할 나위 없는 기쁨이요 보람으로 여기겠습니다.

2010년 3월 18일
홍 비 표

목차

제1부 동공 속의 항아리

- 012 동공속의 항아리
- 013 여전히 장미
- 014 겨울 정원
- 015 해야 높이 솟아 비춰라
- 016 봄을 그리다
- 017 행복
- 018 초대장
- 019 버들 이야기
- 020 봄 뜰에서
- 021 꽃샘잎샘
- 022 나만의 길
- 024 잠금장치
- 025 출발
- 026 푸른 웃음
- 027 매바위
- 028 오아시스
- 029 숨바꼭질
- 030 기다림
- 031 오솔길
- 032 언제나 봄
- 033 오늘도 넘어진다
- 034 야윈 그늘의 꿈
- 035 봄비

제2부 애비의 오아시스

038 애비의 오아시스
039 아버지의 사랑
040 어머니
042 실개울 강물이 되어
044 부모 마음
045 동거
046 인연
047 이유
048 구두
049 귀로
050 징검다리
051 함께 걷는 길
052 아카시아 꽃
053 숨소리
054 공아! 공아!
056 삶
057 다도해
058 젊은 고향
059 바람의 길
060 내일
061 늦둥이
062 고빗길
063 유랑자

제3부 내 마음의 갈피

- 066 내 마음의 갈피
- 067 내 고향
- 068 물구나무 서기
- 069 달맞이꽃
- 070 나만의 별
- 071 임의 그림자
- 072 해바라기
- 073 어느 시인의 사랑
- 074 구름
- 075 고산병
- 076 갈등
- 077 갈대 이야기
- 078 황매산
- 079 라일락
- 080 풍차
- 081 뒷북치며 산다
- 082 펜션 풍경
- 084 가을의 만남
- 085 달빛 속에 그리움이
- 086 상사화
- 087 가로등
- 088 물길 돌리기
- 089 가을 편지

제4부 또 하나의 풍경

092 또 하나의 풍경
093 오늘을 산다
094 봄을 잊은 난
095 무인도
097 때
098 벽
099 토방
100 마지막 손님
101 흔들다리
102 코스모스
103 다리 밑 쉼터
104 가을 길
105 사랑의 숨결
106 빈 뜰 일기
107 갈대
108 지붕
109 푯말
110 하루 그리기
111 뒤돌아보는 마음
112 시골 동창회
113 오늘도 피어나소서
114 여정
115 시방을 안고 살자

제5부 노을빛 연

- 118 노을빛 연
- 120 한발 물러 바라보면
- 121 혼자 울어라
- 122 떠날 때
- 123 나이
- 124 짐
- 125 미혹
- 126 본향
- 128 뒤태
- 129 은혜
- 130 가을의 단상
- 131 어떤 부부
- 132 내딛지 못한 발자국
- 133 욕심
- 134 웃는 얼굴
- 135 눈물
- 136 등정
- 137 넝쿨
- 138 안식
- 139 나에게
- 140 세월
- 141 호숫가의 억새
- 142 가을 숲 고요에 젖다

홍비표 시집 해설

145　길 끝에서 찾은 행복의 의미 — 리헌석

제1부
동공 속의 항아리

동공속의 항아리

새장에 갇혀 졸고 있는
파랑새를 깨워 날린다
높이 날아오르는 금빛 날개
내 눈빛도 따라 흐른다

날개 짓이 무디어져
푸른 하늘을 잃어버리고
흙빛만이 가득한 너의 동공 속에는
좀체 채워지지 않는
항아리가 자리 잡고 있다

꿈을 꾸지 않는 한
날개는 단지 깃털들의 집
빛을 좇아가지 않는 눈은
모이로 가득 찬 유리그릇으로 남는다

파랑새가 하늘 높이 날고 있다
먼 하늘빛을 모아
맑게 씻긴 동공에 띄우고
항아리를 그득 메운다
뒤따르는 시선 푸른빛으로 물든다

여전히 장미

가시가 장미를 안고
장미는 가시를 품고 산다

산들바람 손짓하면
수줍게 어린 손 젓고
분홍 나비 봄을 싣고 날아도
잎 뒤에 몸을 숨긴다
오로지 오월 쪽빛 하늘 향해
붉은 꽃잎 빚는 동안
다소곳이 기울어가는 달을 보고
어두운 밤에 빛을 돋우는 별을 세며
하루하루가 가시로 돋아
꽃송이를 감싼다

때로는 옥죈 가시에 찔려
꽃잎에 눈물 맺혀도
가슴에 사랑을 벼리는 가시가 있어
여전히 장미다

겨울 정원

빛바랜 잎새들 땅 위에 누우면
장미는 가시를 세워
외로이 뜨락에 선다.

야윈 나뭇가지 끝에 턱을 고인 달
시절을 따라 서늘한 빛을 내뿜고
날갯죽지 움츠린 밤새 한 마리
하늘에 판화처럼 찍혀있다

물고기들을 품은 연못은
시리게 드리우던 산 그림자마저 지우고
포근한 속을 감싸고자
겉이 꽁꽁 얼어붙는 하얀 겨울

눈보라 몰고 오는 된바람에
나지막이 몸을 낮춘 장미
저 깊은 곳 어린 꽃잎 숨소리를 키우며
붉디붉은 기다림을 마냥 쌓는다.

해야 높이 솟아 비춰라

고운 빛으로 동녘 하늘 물들이며
힘차게 솟아오른 해야

앞을 막는 먹구름을 멀리 밀치고
구석마다 드리운 그늘 지우며
어둠 깊은 곳에 환하게 비춰라

음지에서 날 세운 가시 감싸주고
각진 세상 둥글둥글 굴러가게
다독이듯 따스한 빛 푸근하게 비춰라

사랑의 빛 듬뿍 안고 높이 솟은 해 아래
우리 모두 밝은 날을 푸르게 살아가자

봄을 그리다

동짓날 자정이 지나자
거들먹거리던 겨울이
긴 꼬리를 조금씩 말아 넣는다

어둠의 어깨 너머로
언뜻언뜻 내비치는
가느다란 연록 빛 숨결

동면의 터널에서 갓 벗어난
버들강아지 재잘거리고
전깃줄 위 발끝 시린 참새들
날갯죽지를 비비며 기지개를 켠다

골방 구석에 갇힌 초침 소리가
분침과 시침을 휘몰아서
잠에 취해있는 봄을 깨우면

곳곳마다 웅크리고 있던 꽃눈들은
홀연히 물감을 한 움큼 물고 나와
사람들 가슴 속 흑백의 꿈마저도
무지갯빛으로 물들이겠지

행복

벼랑 위 나뭇잎을
먹어 본 산양은
초원 풀잎의 부드러움을 안다

날 선 비바람에 시달린 잎새
산들바람과 속삭임조차 다정하다

등짐 지고 사막을 건너온 낙타
맨몸으로 울리는 방울 소리처럼

짙은 안개 속에서
긴 밤 지새운 나무 한 그루
이슬 털며 맨발로 맞는 아침 햇살처럼

어둠과 빛 사이 오가는 길에
환한 기운을 소롯이 모아
비로소 피어나는 꽃인가

초대장

우편함에 날 부르는 소리
먼지 묻어 켜켜이 쌓여있다

앞만 보며 줄달음치는 동안
불러도 한 귀로 흘렸는데

한 계단 내려오고
한 발짝 물러서니
기다린 듯 다가오는 그리운 것들

산이 푸르러 산에 오르면
하늘 높이 나는 흰 구름이 손짓을 하고
파도 소리 마주하려 바닷가에 서면
수평선이 멀리 시선을 불러간다

오늘도 어서 오라 부르는 소리에
부풀어 오른 설렘 앞세우고 새벽길을 나선다

버들 이야기

홍수에 떠내려와
소용돌이 한복판에 섬을 일구고
뿌리내린 버드나무

봄물 든 산들바람에
가슴을 열고
가지 끝마다 희망을 깨워
하늘 향해 펄럭인다

든든한 냇둑을 홀로 떠나
한치 앞도 볼 수 없는 어둠 속
물살의 포효에 움츠린 채
휘돌아 온 구비길

시시로 일어서는 먹구름
녹색으로 짙게 덮어 잠재우며
손꼽아 헤아리는
남은 날의 가난한 꿈

봄 뜰에서

부풀어 오른 봄기운이
큰 소리 되어 문을 두드리자
녹슨 대문의 빗장을 푼 고택의 뜰

사월이 들려주는 새싹들의 숨소리에
귀를 쫑긋 세운 유치원 아이들
그윽한 눈빛을 불러 모은다

분홍빛, 연둣빛이
떨리는 손을 맞잡고
합창을 하는 봄의 오페라 속에

나비 한 마리
넘실대는 꽃물결 따라
분홍 꿈꾸며 하늘을 난다

꽃샘잎샘

시시로 변덕 날씨
뜰의 옷을 재단한다

아침에는 입혔다가
한낮 되면 벗긴다

안달 나
땅거죽을 들추니
고개 드는 새 희망

때 이른 봄바람에
기지개 켠 여린 가지

흥겨운 듯 춤을 추다
찬 기운에 품 여민다

꽃눈이
빙그레 웃으며
보듬는 시린 가슴

나만의 길

안개 속을 걷는다
어디로 가는지도 모르고
어제의 사람들이 깔아놓은
트랙을 따라 이리저리 끌려다닌다

무엇을 입을까
무엇을 먹을까에
시선이 달라붙은 틈을 타
몰려온 빈 그림자들에게 내어준 뜨락
시든 낙엽 더미에 눌려
빛을 잃어가는 것들을 어이할까

번쩍거리는 허망에
눈먼 마음을 버린다
졸고 있는 혼을 깨운다
솟구치는 눈물로 흐려진 창을 닦아
저 너머 먼 지평을 연다
크게 보이던 작은 것이 작게
작게 보이던 큰 것은 크게
처음 사랑을 되찾아 돌아온다

떠오르는 아침 햇살로

눈앞에 깔려있는 트랙을 지우고
새길을 닦는다
나만의 길을 펼친다

잠금장치

세월의 으름장에 움츠린 마음
문을 잠그려 한다
머리가 혼자 논다 푸념하며

짐을 싸며 들썩이다가
한사코 떠나려 일어서는
골동품이 되어버린 어제의 것들
허리춤을 잡아 앉히더니
잠도 안 자고 문을 지킨다

먹구름 흘러 보낼 밝은 바람
찌든 숨결 헹굴 맑은 햇살 향한 시선
깨끔스레 거두지도 못하면서
서둘러 잠금장치를 달고 있다

풋풋한 꽃내음을 풍기면서
아른거리는 연둣빛 아지랑이에
마음이 한눈판 틈을 타서
잠금장치를 떼어 던진다

따스한 햇살 한 아름 안고
봄이 울안에 그득하다

출발

끝이 없는 길을 간다
'시작이 반이다' 하니
남은 반을 가지고 가고 또 간다
반의 반
반의 반의 반

언덕 넘으면 높은 산
냇물 건너면 거센 강물 흐르니
너른 평원은 언제 달릴 수 있을까
동풍이 지나니 서풍
비 그치면 다시 구름
맑은 하늘 언제 우러를 수 있을까

문득 가던 길 멈추고
푸른 평원 위에 누워
하늘 향해 꿈을 빚는다
뭉게구름 띄워 파랑새를 그리자마자
한 줄기 바람 몰려와 지워버린다

남아있는 반의 길을 간다
지고 온 짐 나눠 반의 짐만을 지고
오늘도 새로이 길을 떠난다

푸른 웃음

바람은 구름을 몰고
구름은 비를 끌고 와
짙게 깔아놓은 어둠

밤새 온몸으로 맞서다
막 누워버린 젊은 보리들
꾸겨진 채 빛을 굴절시킨다.

비바람에 넘어진 무릎에
아물지 않은 상처가 남아있는데
주저앉아 응시하는 허공
구름 사이로 한 줌 햇살이 웃는다

아침이 열린 초록 바다 위에
푸른 웃음 번지고 있다

매바위

먼바다 응시하는 눈초리
하늘 품은 날개를 펼쳐
해풍과 파도의 길을 돌렸다

눈보라 휘몰아쳐도
섬 하나를 움켜쥘 기세로
높은 하늘을 꿈꾸는 몸짓

거센 폭풍이 쉼 없이 일어
서슬 퍼런 칼춤을 부르니
모질도록 질긴 외로움을
바다 밑에 내려놓는 갯바위

천년의 달빛 아래 조각난 꿈이 되어도
먼 훗날 그리움을 온몸에 두르고
조약돌로 하얗게 빛나려 함인가

오아시스

낙타는 외로움을 지고 걷는다.
아무도 곁을 허락하지 않아
그림자 혼자 따라오는 사막

바람이 앞선 발자국들을 다림질하고
모래를 옮겨 낯선 언덕을 짓는다
지칠 줄 모르는 날개를 단 새에게도
밤새 솟아난 구릉이 절망을 가르치고 있다

방향조차 잡을 수 없는 모래벌판 위에
지워지지 않는 길을 그려 넣고
숨어든 물을 모아 연못을 이루어
희망을 나누어 주는 푸른 동네

긴 목마름을 채워주는 오아시스를 그리며
막막한 오늘의 시간 올올이 엮어
새날을 여는 삶을 푸르게 짜 내려간다

숨바꼭질

다가서면 닿을 듯
가까이 웃음 짓고
다시 멀어져 날 부르는

산 너머 있으리라
거친 숨 몰아쉬면
가로막는 더 높은 산
모퉁이 돌아서면
훤하게 보일 듯하다
또 굽어져 숨어버리는

어두운 늪을 지나
거센 강물 건너서
넘어지며 다가서리라
그리움이 내젓는 손으로
쉼 없이 허공을 물질하는

저만치 있어도 내 님이라 하고
먼빛 모습은 더 곱다 하건만

기다림

바람결에 실려 오다
이슬 되어 내리시나
한밤을 밝혀놓고
새벽에도 마중 채비
살짜기
스쳐 가실까
달빛 그물 처놓는다

바람결 문소리에
밝힌 등불 높이 든다
기척 없다 떠나시면
언제 올지 모르나니
단숨에
맨발로 내달아
사립문 앞 서성인다

밤새워 흐린 눈빛
처진 어깨 짓누른다
빛을 안고 찾아와
졸린 시혼 깨우시면
신명 난
붓놀림으로
고운 임을 그리리다

오솔길

내 마음 안으로 채찍질하여
나만 홀로 걸을 길을 닦는다

아무 흔적도 없는 세 번째 숲
내 발자국 쌓이고
걸음걸이에 힘이 붙을 즈음이면
안개 속으로 새길이 열리겠지

처음에는 꽃향기 그득하고
다음엔 푸르름이 쌓이던 곳
낙엽들만 뒹구는 숲과 마주하여
바쁘게 달아나는
세월의 뒷모습에 눈을 흘긴다

머지않아 눈 내리면
내 발자국 흔적조차 없어지겠지
더 이상 걷지 못할 날을 위하여
오솔길 끝에는 오두막집을 지으리라

내면의 꽃이 피는 바람 소리
그치지 않는 푸른 숨소리
귀 기울이며 살아가는

언제나 봄

샛노랗게 물들인 잎
갈바람에 보낸다

서리 덮인 땅 위에
차갑게 그늘 짓는 구름 밀쳐내고
얼핏얼핏 내미는 햇살에
움츠린 몸을 추스르며
가지 끝 울며 맴도는 매운바람 삭인다

거친 세월 지나며 두꺼워진 껍질로
여린 속을 동여매고
켜켜이 나이테 다지면서
제자리를 움쩍 않는 은행나무

눈보라의 포효에 언 가지를 흔들어도
밑동은 언제나 푸르게 봄을 산다

오늘도 넘어진다

밤새 위장을 비우니
가슴은 빈 들판이 된다
수면 마취 시간 지나고
찾아드는 의식 뒤에 숨어
달려드는 어둠을 밀쳐낸다

빛바랜 깃털 뽑으며
새로 돋는 날개 휘저을
푸른 하늘을 꿈꾼다
여리어진 꽃대 자르며
탐스런 새 꽃송이를 그린다

곧은 길 달리는 발걸음
날 선 바람이 막아서고
구름 위의 세상 찾아
멀리 흐르는 시선
굵은 빗줄기에 묶인다지만

오늘도 비바람 속에서
높이 날아오르기 위해 내려앉는다
다시 일어서기 위해 넘어진다

야윈 그늘의 꿈

마을 길모퉁이 느티나무
보금자리 삼아 깃들던 새들
날아간 지 오래 전
힘겹게 매달고 있던 빈 둥지마저
간밤의 날 선 바람에 빼앗겼다

너른 가슴 열어
밤엔 별들의 한숨 받아주고
낮엔 길손 위해 푸른 그늘 빚어준 세월
무상만 일깨우고 떠나간 자리
빈터 되어 덩그렇다

내일 쓰러질지언정
오늘 드러눕지는 않으리라
산 넘어 흘러가는 바람 부른다

구름 조각 모여들어 단비 내리면
잎 돋우고 꽃 피울 야윈 그늘의 꿈

봄비

꽃물 품은 바람의 손
산야를 보듬더니

오솔길 그 끝까지
꿈 세상을 그려낸다

홀로 간 발자국에도
분홍빛이 따라갔다

넘실대는 꽃 불길
이 봄을 다 태울까

서둘러 봄비 내려
초록을 적셔놓다

모질게 꿈을 깨우고
푸른 세상 일군다

제2부
애비의 오아시스

애비의 오아시스

주말이면 애비가 된다.
아무리 멀어도 달려가는 시골집

사립문에 기대어선 어린 남매
학처럼 목을 길게 빼고 있다가
먼 발자국 소리에도 귀를 쫑긋 세운다.

고개를 넘어 마을 어귀에 들어서면
가장 먼저 맞이하는 건
앞산 메아리를 깨우는 함성

내 삶의 사막에서
초록빛으로 일어서는 오아시스
무지개를 띄우듯
물이 되고, 그늘이 되고
편안한 휴식이 되는 아이들의 환한 웃음

손에서 손으로 전달되는 따스함이
심장에 그득히 모여들어
시든 혈맥을 일으켜 소리치며 흐른다

아버지의 사랑

가슴이 답답할 때면
먼바다를 바라보시던 아버지
녹록지 않은 세상을 사시며 입은 상처는
소금 한 수저로 아물리셨다

새벽 사립문 방울 소리 울리며
거친 땅에 희망을 심어 가꾸시느라고
좁은 논 밭길 다니시며 흐른 땀방울
맨발에 말라붙어 버짐처럼 빛났다.

모든 것이 헐렁해지는 인생의 황혼 녘에도
졸라맨 허리띠 늦추지 않으시고
간기 진하게 묻어나던 아버지의 일생은
바람처럼 뒤안길로 사라졌지만

내 심장 속에 염장된 아버지의 사랑처럼
댓잎 쌓인 고향 뒤꼍 질항아리 그늘 속에는
아직도 녹지 않은 하얀 아픔이 반짝이고 있다

어머니

잊을 수 없어요
가지런히 쪽진 머리
따스하고 아늑한 눈길
오로지 자식의 성공을 위해
거친 일 가리지 않던 꺼칠한 두 손

땀이 밴 지폐 몇 장 접고 접어서
허리춤에 꼭꼭 숨겨뒀다가
집 떠나는 아들 손에 쥐어주셨지요

고갯마루까지 한사코 따라와
자식 모습 보이지 않을 때까지 놓지 않던
어머니의 젖어있던 시선
어머니가 보이지 않을 때쯤에서야
이 아들도 감췄던 눈물 쏟았나이다

허공을 향해 손을 내저으며
남은 숨 한꺼번에 몰아쉬던 순간까지도
한 생을 접는 고통 자식들에게 숨기려고
숨을 삼키시던 어머니의 깊은 마음

아파트 창 너머 달빛이 밝게 비춰오면

처진 내 어깨 토닥이시며
차가운 가슴을 따뜻하게 덥히시는
어머니 미소를 늘 뵙니다

실개울 강물이 되어

가느다란 물줄기 하나
내 가슴속에 솟아난다

일곱 남매 품고 사신 어머니
가슴 속을 굽이쳐
아홉 식구 무게에 눌려
굽은 아버지 등을 스치더니
어느덧 개울 되어 소리한다

힘겨운 부모님 곁에서
삶의 무게 나누며
맏아들로 살아온 형님의 어깨를 스쳐
아우들과 누이들이 가꾸는 뜰에
시시로 몰아치는 비바람
데리고 흘러 큰 물줄기를 이룬다

길고 험한 고개 넘어 길을 찾는
자식들의 땀방울이 흘러들고
새벽마다 꿇는 무릎 적신
아내의 눈물이 스며들어
큰 강물이 된다

모래톱에 막히면 굽이굽이 돌아가고
바위에 부딪혀도 눕지 않고 흐른다
뒤따라오며 그늘 드리우던 구름 사이
비집고 나온 한 줄기 햇살이 마냥 해맑다

부모 마음

어린 꽃잎 살며시 감싸고
오롯이 지켜보는 기다림

꽃잎이 자라 시야를 가리어도
가랑비와 속삭이다 씻겨갈까
바람에 흔들리다 흩날릴까
온몸으로 부여잡고 잠을 설친다

타오르는 햇살에 달친 목마름
밤새 이슬 불러 달래주고
별빛이 차가워져 시린 가슴
모아둔 온기로 품는 꽃받침 사랑

바스러진 조각들 그늘 속에 쌓여도
꽃망울이 활짝 피어 눈부시게 빛날 때
아픈 기억 털어내며 속웃음을 짓는다

동거

푸른 물빛이 포근히 감싼 정원
찔레꽃과 장미꽃 속삭임 다정하다

겨울 지난 아픔 봄비에 지우고
상처에서 흘러나와 쌓인 슬픔
따사로운 햇살에 미소로 벙근다

한낮 햇볕 아래 목마름을 알면서
새벽이슬 머금은 꽃으로 피어나고
날 선 바람 앞에 휘둘리다
부둥켜안고 길을 여는 넝쿨이 된다

날 세운 가시 내면으로 향하고
맑은 향기 풀어 서로를 품고 산다

인연

설레는 진달래꽃 피던 날
수줍음의 눈빛 첫 마주침
무심중 이야기는 흘러가다

들국화 찬 이슬 반기는 오솔길
외로운 발길 또 한 번의 會遇
아스라한 기억을 깨우다

안개 자욱한 길을 지나
사나운 눈바람 마주한 들판에
흔들리지 않는 발자국을 새기다

한 올 한 올 엮어진 가느다란 끈
굵은 줄 되어 두 마음을 묶어놓더니
방황하는 영혼마저 비끄러매다

희로애락 능선 함께 넘는 동안
세월이 두 얼굴에 그려놓은 그림
心魂 담은 닮은 꼴을 빚어내다

이유

내가 베란다에 꽃을 가꾸는 것은
꽃을 닮은 당신의 미소를 보려함이고

밝은 노래를 익혀 부르는 것은
명랑한 당신의 목소리를 듣기 위함이요

이른 새벽에 깨어 시를 쓰는 것은
이슬처럼 맑은 당신의 눈빛을 보려함이며

둥지 밑을 서성이며 깃털을 모으는 것은
당신 어깨에 날개를 달아주기 위함입니다

태양이 빛나는 낮이나
구름 속에 별들마저 숨은 밤에도
내 삶은
오로지 당신을 위한 기도입니다

구두

몸 던져 길을 연다
가는 곳 어디든지 앞장서서

처음 만나 낯설음에 움츠리고
거친 마찰을 삭이지 못해
발가락에 물집을 짓고
발톱을 검게 멍들게 한 꼿꼿함

빗길에 젖고
눈길에 미끄러지며
오르막 내리막 내닫는 동안
오만의 굽이 얇아져
세상을 나지막이 걷는 모습
마치 아내를 닮았다

황혼 녘 어둠이 짙게 드리워져도
길 아닌 곳은 가지 않는 너에게
망설임 없이 내 걸음을 맡긴다

귀로

세상이 다 변해서
고향길도 낯선데

산비탈 들꽃들만
물끄러미 바라보다

굽어진 등허리에 내려
반겨주는 노을 한 폭

등짐이 무겁다고
삶을 덜어 놓고 가랴

북소리 추임새로
처진 어깨 추켜세워

한 걸음 또 한 걸음씩
돌아오는 길손이다

징검다리

얼음 섞인 물 건너다
여린 종아리 파래질까

바스러질 것 같은 등을 구부려
냇물 위로 길이 된다

거친 물살 덮쳐오면
시리고 시린
옆구리로 흘려보낸다

한겨울 눈발 어지러운 채찍에
등판이 찢겨질 듯 부풀어도

자식들 뒷바라지에 움푹 파인 어깨로
먼 길 걸으신 아버지의 침묵처럼

제자리에 나지막이 엎드려
작은 들썩임조차 감추고 있다

함께 걷는 길

뒷산 다람쥐 입에 물려
마당 모퉁이에 묻힌 밤 한 톨
때를 만나 나무가 된다

땅의 깊은 마음 얻어 뿌리 내리고
비바람에 흔들리며 몸을 세운다
찬 서리 길을 지나 겨울 강 건너
푸른 세상 그리며 새눈을 튼다

가지 높이 뻗쳐 꿈을 내걸고
하늘 우러르며 몸짓을 키운다
숨은 열정 불러내 꽃향기 짙게 하더니
뜨거운 사랑 담아 열매로 맺는다

햇볕 보고 피어나고
바람 따라 지면서
함께 걸으며 세우는 생명의 길

아카시아 꽃

오월이 되면
찾아오는 웃음이 있다
떠나는 눈물이 있다

하얀 이를 내보이는 웃음
수줍은 숨결로 흐르다가
꿈꾸는 나비가 되어
외로운 영혼에 내려앉는다

눈부신 백옥 꽃잎
빛이 여리어질 즈음이면
숨은 가시 돋아나고
거친 바람이 가지를 흔들면
그리움 조각되어 흩어진다

가슴에 피는 꽃
젖은 시선이 멈추는 하늘엔
짐짓 노을이 탄다

숨소리

빈 가지 끝에 눈떠
꽃향기에 취한 날
숨소리는 그윽하기만 했다

하늘 푸르름이 가슴에 닿고
해 맑은 미소 머금은 날
숨소리는 먼 지평선에 닿았다

단풍든 새들의 울음이 떠나던 날
이별의 언덕에서 내뱉던
숨소리는 차디찬 바람이었다

지금도 내 곁에 머무는 너의 숨소리
뜨거운 심장 빛으로 낙엽 속에 깃들더니
흰 눈 속에서 어떤 내일을 준비하는가

공아! 공아!

속을 비워 가벼우나
야무지게 튀는 몸

부딪칠수록 신명 나
종횡무진 내 닫는다

어디냐
너 가는 길목
마음실어 묻는다

허구한 날 만나도
그 속 몰라 헛손질

다가서다 멀어지고
빙빙 돌다 사라진다

그 와중
무슨 연유로
웃음을 남기느냐

쌓인 한 실린 라켓
공허한 칼춤 춰도

맑게 닦인 하얀 낯빛
밝고 환한 목소리로

둥글게
욕망 보듬어
비우며 살라하네

삶

미루나무 꼭대기
땀을 엮은 까치집

푸른 깃털 헤지도록
높이 멀리 날았나니

한시도
멈춤이 없이
꿈을 좇는 도전이다

햇살 내려 보듬는
둥우리 안 웃음꽃

비바람에 흔들려도
마음 다져 피웠나니

겸허히
하늘 우러러
기도 쌓는 여정이다

다도해

바다가 섬을 품었는가
섬이 바다를 안았는가

하나가 되어 굽이치는 저 멀리
안개 속에 잠긴 섬들 사이

아침 해 떠오르면
사라지는 안개 속으로
바다는 섬들을 낳는다

내 가슴도 바다가 되어
섬들을 안고 있다

젊은 고향

아파트 거실 한쪽 벽에
한 폭의 고향이 산다

냇가의 버드나무 실가지
뒤꼍의 사각거리는 대나무 잎
앞마당 감나무 꽃을 모아다가
아버지 땀이 배어든 채전 흙
어머니의 기도 스민 샘물 섞어 지은
제비집 하나 숨어있다

어린싹 그늘막 지어주는 구름
넘어진 청보리 한숨 흩트리는 바람
늦장 부리는 대추나무 움 틔우는 빗소리
멀리 나갔던 어미 제비 돌아오자
새끼들의 입 벌리는 소리가
어우러져 하늘에 가득하다

추억들이 모여 있는 풍경 속에는
멀리 있어도 가까이 보이는
젊은 고향이 늘 숨 쉬고 있다

바람의 길

깊이 잠든 것들을 깨우며
어디론가 바삐 가고 있다

앞을 막아서면
옆길로 돌아가고
더 큰 장벽이 나타나면
소용돌이 일으켜 열어 가는 길

나뭇가지를 마구 흔들어
여린 뿌리를 굳세게 하고
꽃들을 마주하면 향기 한 움큼 훔쳐
외로운 이들의 창가에 풀어놓는다

한숨 짙은 구름 옆구리를 마구 쳐
목마른 대지에 비를 뿌리고
산골짜기 포근히 감싼 안개 흩트려
풀잎들이 빛 아래서 춤추게 한다

보이지 않는 손길 깊은 숨결로
이리저리 세상을 보듬으며
내달리는 당당한 사랑의 여정

내일

어둠이 겹겹이 둘러싼 음식점
주위에는 눈을 감고 목소리를 키우는
육십을 갓 넘은 한 무리의 취객들
친구 하나는 심근 경색으로
또 하나는 교통사고로 세상을 떴다며
씁쓰레한 술잔을 연신 비운다

옆자리에 앉은 칠순의 사위
구순 장인어른의 표정을 읽은 것일까
작년 봄에 사다 심으신
뒷산 사과나무 이야기를 꺼내며
밝은 웃음을 흘린다

숨죽였던 봄바람
다시 흐르는 유리창 너머
사과가 빨갛게 익어가는 과수원이 아른거린다

늦둥이

고향집 빈 마당
키다리 감나무가 지키고 있다

시오리 시장길
마을 삼아 다니시던 아버지
막 걸음마를 뗀 묘목 하나 사다 심으시고
몇 년 먹을 거름을 주셨다
언제 자라 제 몫 할까
먼 하늘 바라보시며
그 가슴 주홍빛으로 가득했다

지붕 삭이고 흘러내려
기둥을 굽게 한 빗물
받아먹고 웃자란 나무
손이 닿지 않는 가지 끝에
주홍빛 감 매달고
허기진 까치 불러
허공을 채운다

석양빛에 등 떠밀린 야윈 그림자
기척 없는 방문 앞에 선다
소슬바람에 나부끼는 옷자락
무겁게 흔들리는 녹슨 문고리

고빗길

가파르게 일어선
수목원 돌계단 길

하늘은 아득하고
꽃향기 간 데 없다

끝없이 오르기만 하니
턱까지 숨이 차다

돌아설까 발 멈추니
새들 나와 응원하고

산들바람 달려들어
비지땀을 닦아준다

가는 길 혼자 아님에
한고비를 넘는다

유랑자

휴대폰에 메시지를 쓰고 있는 중
울리는 경고음
임박한 마감을 알리는 문자가 날아들고
경고등도 가세한다

구름이 끼었느니
바람이 거세다느니
주변만을 맴돌다가
돌연 다가선 끝자락을 마주하고
동동거리다가

미안하다
고맙다
사랑한다는 말은
미처 꺼내 싣지 못하고
껍질만 담아 눌러버린 전송버튼

갈 곳 잃은 알맹이는
안절부절못하는 유랑자가 되어
가슴 속 이리저리 떠돌고 있다

제3부
내 마음의 갈피

내 마음의 갈피

그늘이 짙게 깔려
굴곡진 동굴 같은 어둠 속

삶의 갈피마다
찌든 희로애락의 찌꺼기들이
늦가을 비처럼 가슴을 얼린다

모든 걸 무너뜨리는 세월 앞에서도
풀리지 않는 매듭은 옹이로 자리 잡고
깊은 곳까지 그을리고도 남은
번민의 불꽃을 어찌할까

잃어버린 순수를 찾아
어린 날의 기억 속을 뒤지다가
구석마다 구겨진 마음 자락 다림질하고
하늘 담은 가을 호수에 마음을 헹군다

홀연 눈이 부시도록 빛나는 세상
그 속에 내가 서있다

내 고향

달이 빛을 돋우는 밤이면
신명난 물고기들은
바닷물에 별빛을 뿌린다

아침 햇살 포근히 번져오면
모래밭에서 경주하는 아이들의 함성은
돛대 위로 갈매기를 따라 흐르고
푸른 꿈을 품은 바위들이
먼바다를 향해 가슴을 내민다

긴 세월 바닷물에 안긴 갯바위는
조약돌을 낳아 기르고
밀려드는 파도의 이랑마다
바람의 긴 머리칼이 펄럭이는 곳

외로운 발자국들이 묻히고
옛이야기 수북이 쌓인 모래언덕에는
오늘도 그리움들이 해당화로 핀다.

물구나무 서기

수양버들 가지마저 묶어 매고
냇물이 고요를 펼친다

떠돌던 한 무리의 오리들
헤엄치는 자기 모습 비춰보다가
슬프게 젖어드는 향수를 지우려
물을 뒤집어써 깃털을 헹군다

연둣빛 봄바람이 산들 불어
들썩이는 무대를 펼치면
모두가 꽃이 되어 덩달아 춤을 춘다
물거울이 품은 하늘에는
구름마저 꽃빛인가

밤에라도 뭇별들을 발아래 두고 살면
혹여 버거운 짐 가뿐해질까
거꾸로 서서 세상을 바라본다

달맞이꽃

오수 속에 꿈을 그려 넣는다.
태양이 작열하는 낮 동안 내내

황혼의 강을 건너서
저녁이 찾아들 즘에
그대는 홀로 등대가 되어
풍랑에 지친 나를 맞는가

밤이 짙을수록
어둠을 더 깊이 들이마시며
꽃잎마다 빛이 스며드는 꿈을 꾸다가
달을 닮은 모습으로 깨어난다

언덕 위에 달빛이 단비되어 내리면
긴 기다림이 빚은 환한 웃음으로
가까이 나를 세우는 달맞이꽃

나만의 별

그대는 별이 되어
먼 하늘을 날고

난 땅에 뿌리내린 꽃
그리움을 노래하다
꽃대를 높이 세운다

하지만 저 높은 곳에
오직 가까이 가는 길은
가장 아름답게 꽃피우는 일

내 사랑
선홍빛으로 젖어드는 밤이면
꿈길로 떠나 하늘을 난다

혹여 그대를 만나면
품어온 빛깔로 짙게 물들여
나만의 별이 되어 날게 하리라

임의 그림자

나뭇잎 흔드는
바람의 날갯짓을 보고야
임의 숨결이었음을 압니다

잉잉거리는
꿀벌의 노랫소리 듣고서
임의 향기였음을 압니다

먹장구름 뒤로
한 가닥 햇살마저 숨을 때
임의 눈빛이었음을 압니다

고요가 찾아든 창밖
파랑새가 먼 하늘을 날 즈음
임의 속삭임이었음을 압니다

마주한 모습 무심결 지나치고
저만치 멀어진 그림자에서
임을 봅니다

해바라기

환한 임의 웃음에 사로잡혀
따라 내딛는 한 걸음 한 걸음

구름에 외줄기 길이 가려지면
곧장 목마른 술래가 된다

한시도 떼지 않는 눈빛에
도도히 걷던 태양마저
멈칫하며 쉼표를 찍는가

밤마다 되뇐 그리움의 언어들
하늘 향해 쭉 뻗친 장대 끝에
한 움큼의 검은 별이 되어 반짝인다

어느 시인의 사랑

가슴 속에 품은 님
밤새도록 그린다

숨결 찾아 넣으려
촛불을 밝혀보니

눈빛은
회상에 멈추고
기도하던 입 얼어있다

지우고 또 지우니
숨소리 들려온다

고운 눈빛 깨어나고
환한 웃음 피어난다

오늘도
사랑하기 위해
수없이 임을 보낸다

구름

흰빛 품고 태어나
허공에 길을 세운다

소나무 큰 가지는 밟고 지나도
하늘거리는 코스모스 길
저만치 돌아서 간다

땡볕 아래 어린나무
그늘 짙게 지어주다가
그을린 얼굴빛으로
낮은 곳을 맴돌고

너른 하늘가 젖어드는 한숨
가슴으로 받아주더니
잿빛 눈물 머금고 떠도는가

바람에 밀치고 때로는 쫓기면서도
제 할 일은 모두 이루고
때를 알아 침묵으로 흐르는 여정

고산병

해발 삼천 미터가 넘는 곳에 위치한
중국 구체구 하늘 빛깔 풀어놓은 오채지
설렘과 두려움이 앞을 다투며 다가와
각기 다른 목소리로 잠든 가슴을 깨운다

예방약 파는 소리 귓전에서 놀고
들고 간 산소병 고비마다 걸음을 붙잡는다
숨 막히도록 오른 산 풍경은 흘러가고
하염없는 하산 길 발걸음이 끌려간다

― 젊은 우리도 이러한데
　어르신은 어떨까요? ―
심술궂은 고산병에 습격당한 숨결들
탄 내음 신음소리에 실어 내놓는다

온 힘으로 달려드는 날 선 바람에
부대끼지 않는 나뭇가지 있으랴
맨몸으로 내리쏟는 한 낮 햇살에
그을리지 않는 풀잎 있으랴

갈등

흘러가는 꽃구름 품고 싶어
햇가지를 높이 뻗쳐
봄 하늘을 휘젓는다

가위 들고 나서는 헛기침 소리에
뜨락에 찬바람이 건듯 일어나니
파래지며 소름이 돋는 나무들

어지러운 곁가지 잘라내어
숨어들 그림자들 앞서 내쫓고
달려드는 날 선 바람 숨죽이고자
발판을 겹겹이 쌓던 동산지기

가지마다 매달린 그 소망 어찌할까
먼 산을 물끄러미 바라보다가
앰하게 가위 날을 탓하며
슬그머니 돌아서는 가슴앓이

갈대 이야기

호숫가에 갈대꽃 두 송이
등을 맞대고 서 있다

뿌리 깊어질수록 더 가깝게 붙이고
같은 물을 나누어 마시면서
바람이 불면 한 몸처럼
부둥켜안고 견디던 사이

언제부터 돌아섰을까
오래 의지하던 가슴이 차갑다.
다른 곳을 향해 굳어진 시선 어찌할까
긴 세월 함께 한 길이 물안개에 젖는다

고개 숙인 채 밤새 사각거리는 갈대
등 돌린 거리가 천 리나 된다

황매산

운해의 깃털에 안긴 태양 아래
이슬 머금은 철쭉꽃을 그리며
어둠 뚫고 달려온 길

검은 구름이 멈칫거리며
마저 쏟지 못한 눈물 모아
이른 아침을 적시고 있다

골안개 잦아질 듯 다시 피어나
여명의 골짜기를 보듬듯이
씻어내기를 되풀이한다

살며시 얼굴 내미는
푸른 하늘 밑에
거슴츠레한 눈으로 옹송그린 꽃봉오리들
늦장부리는 꽃샘추위에
가슴을 아주 닫아버렸나

깨어진 설렘의 파편들이
내년을 기약하는 바람에 업혀
철쭉꽃 주위를 맴돌다 떨어진다.

라일락

어디쯤 숨죽이고 있다가
오월로 가는 길목에서
활활 타오르는가.

수줍음을 벗어던진 소녀처럼
열정적인 몸짓으로
자줏빛 향기 내뿜고 있다.

여린 봉오리
심술바람에 부대끼며
조금씩 꿈을 부풀린 세월

빈 뜨락을 가득 채우며
드디어 일어선 목소리들
달빛에 물든 내 창문을 두드린다

풍차

동그라미를 낳는다.
외딴 언덕 위에 우뚝 서
무수히 지나가는 바람을 품어

하늘을 떠도는 동그라미 속에
꽃처럼 피어나는 그리움

고향 뒷동산 보름달 아래
달빛 젖은 수건은 빙빙 돌아가고
분수처럼 솟아나던 푸른 웃음소리

해변을 따라 달리던 자전거 바퀴
굴렁쇠 되어 나에게 다가오더니
해당화 붉게 핀 오솔길로 이끈다

오늘도 풍차의 날개는 돌고
나는 날개를 따라 추억 속을 난다

뒷북치며 산다

꽃씨 한 줌 묻어 놓고
싹 오르길 기다린다

꽃 가득 피워놓고
나비를 부르리라

봄인가 앞산을 보니
일렁이는 초록 물결

묘목을 심어놓고
자라기를 재촉한다

나무 크면 둥지 달아
새의 낙원 이루리라

어쩌다 하늘을 보니
저 멀리 떠나는 새

펜션 풍경

거친 풍상이 새긴 역사를 안고
벽 한 면에 기대선 노송 한 그루
아스래한 추억 품은
갯바람 맞아 흔들린다

고요 속의 오르간 연주에
하얀 영혼 나비 되어
건반 위에 노닐더니
그리움 물새 되어 바다 위를 난다

한쪽 구석에 웅크리고 있던 야윈 그림자
기지개를 켜며 일어서더니
홀연 뛰쳐나가
파도가 쓸어놓은 모래 마당 위에서
한바탕 쌓여온 신명을 지핀다
잠자던 젊은 발자국들이 일어나
어우러져 모래알을 달군다

어디선가 둥지를 품은
어미 새의 울음이 젖어들고
서산마루에 걸려있던 구름 한 조각
잠든 날개를 깨워

붉게 타는 저녁놀에 떠나보낸다

저녁 하늘에 맴도는 오르간의 선율은
어둠 저편으로 별빛을 찾아 나선다
별빛 속에 안긴 별을 맞으러 흐른다

가을의 만남

담쟁이 잎새 길을 잃은 늦가을
돌담길 모퉁이 돌아 다가온 만남

볼우물에 복숭아 빛 수줍음 고이고
고개 숙여 숨긴 그리움
그 눈빛은 마치 호수와 같았네

남들이 가지 않아 더 좁고
홀로 오르기에 더 가파른 길
저 높은 곳을 우러르고 있겠지

깊게 푸르러 멀어진 하늘
내 안에 닿을 수 없는 별 하나

달빛 속에 그리움이

긴 여행을 마친 바닷물
돌아와 쉬고 있는 해변의 호수

거꾸로 선 나무들
손을 길게 뻗어 무지개를 만지며
저 깊은 물 속을 헤집어
형형색색 추억들을 물질한다

여기저기 무리 진 상사화들
석양에 길게 누워있는데
여려진 노을마저 삼켜버리려는지
서산 기슭에 어둠이 어슬렁거릴 즈음

막 구름 숲을 헤친 한 줄기 달빛이
하얗게 야윈 그리움을 안고
텅 빈 방 깊숙이 파고든다

상사화

언젠가 마주할 수 있을까
슬픔을 딛고
달아오른 붉은 마음

땅속 깊이 묻혔을 땐
손잡고 살아보자 다짐했지만
어쩌다 어긋나버린 인연

짧은 만남으로 마냥
아픔을 더하느니보다
긴 기다림으로 살겠노라
앙다문 입술엔 피멍이 맺혔다

그리움 이슬 되어 내리는 밤이면
눈물 맺힌 꽃술만 바람에 날린다

가로등

여려진 햇살마저 서산 넘어 사라지자
작은 등불 켜드는 동네 파수꾼

달이 거슴츠레 이울고
구름이 별빛을 가려 세상 캄캄해질수록
눈빛을 돋운다

귀뚜라미 밤새 울며 지키는
잠 못 드는 사람들 창가 비추려하나
불빛 찾는 날갯짓 분주한 하루살이처럼
꿈 밭을 서성이는 사람들 길 밝혀주고 싶나

어둠이 더 짙은 어둠을 불러오는
칠흑 같은 밤의 끄트머리
여명의 종소리 동녘하늘에 울려 퍼져도
여전히 골목길을 붙들고 있다

물길 돌리기

소곤대며 흐르고픈
내 마음속 실개천

토사로 좁혀지고
수초에 막힌 길

몸 굽혀
물꼬를 트니
새 물길이 열린다

깊은 소원 이슬 되어
풀잎에 맺히고

내려놓는 눈물이
방울방울 고인 방죽

개구리
목마른 울음소리
노래 되어 퍼진다

가을 편지

노천카페 찻잔 속에
바람이 내려놓는
단풍잎 하나

어린잎으로 실가지 끝에 태어나
작열하는 태양 아래 여름을 살며
그을리고 멍이 들어 붉어진 사연
가을 길 노을 녘에 배달된다

돋보기를 고쳐 쓰고 들여다보니
꽃바람에 살랑대던 수줍은 설렘
짙푸르게 부풀던 뜨거운 숨결
갈잎의 회색빛 회한이 스며있다

찻잔에 우러난 쌉싸래한 맛을 마시며
내 마음의 갈피에 붉은 잎을 끼운다

제4부
또 하나의 풍경

또 하나의 풍경

찬란한 햇살이 빛나는 아침
깃발 힘차게 나부끼며
대양을 향한다

순풍에 돛을 올리고
대어를 낚는 흥분된 순간
만선 귀향의 꿈에 설레는 가슴

갑자기 일어서는 험한 파도
깜깜한 바다에서 온 힘을 다하는 사투
흔들리는 수평선에 숨이 서럽다

노을빛에 힘든 어깨를 기대면
눈물 속에 떠오르는 외로운 섬 하나
또 하나의 낯선 풍경을 내게 전한다

오늘을 산다

어제는 돌에 찍힌 공룡 발자국
실수와 후회가 일깨우는 지혜의 창고
아쉬움과 좌절의 지하저장실
오늘을 붙들어 매는 끈

내일은 뜯지 않는 편지
아득히 비추는 별
눈앞에 어른거리는 신기루
잡히면 터지는 빛나는 풍선
해가 뜨면 사라지는 새벽안개

오늘은 잡을 수 있는 손
느낄 수 있는 심장
무엇이든 채울 수 있는 빈 화선지
꽃을 피우는 온실
열매가 익어가는 과수원

어제의 끈을 놓아버리고
내일의 환상을 멀리 보내며
오직 사랑의 손으로 나는
오늘을 붙잡는다

봄을 잊은 난

베란다에 봄이 오고
또 하나의 봄이 간다

함초롬히 피어
처음으로 시선을 멈추게 한
넌 한 마리 학이었다
푸른 날개를 펴면
곧장 날아오를 눈빛을 띠고
목을 쭉 빼고 던지는 미소는
아침 햇살이었다

세월의 무게에 눌려
날개는 깨어날 줄 모르고
푸른빛이 떠난 시선은
나른한 오수에 빠져든다

하늘 향한 목 위에
매달던 웃음 흙 위에 덮고
고개를 돌리고 선
넌 어떤 시간의 끝을 응시하는가

무인도

고향 앞바다 섬 하나
외로움 키우며 아스라이 떠 있다

그곳에 가면 누구나
사막에 부는 바람이 된다
흔들어 깨울 나무 없고
일으켜 세울 풀잎도 없다
모래 몇 줌 공중에 뿌리다
제풀에 꺾인다
큰소리 되어 날아도
끝내 메아리를 불러내지 못하고
허공을 맴돈다

그곳에 가면 누구나
바다에 내리는 비가 된다
씻길 산이 없고
적실 땅도 없다
물 몇 바가지 쏟아붓다
맥없이 주저앉는다
흘러도 받아줄 강물 없으니
개울 되어 소리하지 못하고
바다 위를 떠돈다

한 자락 바람으로
한줄기 비가 되어
찾아도 반기는 손길 보이지 않고
그리움조차 발붙이지 못하는 고향은
점점 또 하나의 무인도가 되어간다

때

주여
때를 알게 하소서

누울 때와 일어설 때
걸을 때와 달릴 때

뿌릴 때와 거둘 때
머무를 때와 떠날 때

그 어느 것보다도
주님의 은혜를 구할 때를
알게 하소서

벽

길을 간다
우뚝 선 그림자
내 걸음을 잡는다
그래도 멈출 순 없다

바위에 부딪히면 돌아가고
끝끝내 바다에 이르는
강물이 되고 싶다
가다가 주저앉아 누워버리는
방죽 물은 되지 않으리라

숲이 막아서면
흔들어 길을 열고
순한 가지 넘어가는
바람이 되고 싶다
길 잃고 제자리를 맴돌다 솟구치는
회오리바람은 되지 않으리라

오늘도 마주하는 벽에서
숨어있는 틈을 찾는다
틈 사이로 길을 여는 빛 따라
따스한 숨결 빚으며 새날을 꿈꾼다

토방

가을 빗소리가
신발 자국을 지우고 있다

크고 작은 신발들
세월을 먹고 자라더니
하나 둘 떠나가고

홀로 남은 빛바랜 꽃신 한 켤레
가랑비에 젖은 바람 소리에도
행여 어떤 신발의 기척인가
사립문으로 내닫곤 했다

세월 등을 타고 오는 비바람에
토방은 휘청거리고
꽃신마저 빠져나간 휑한 빈자리
패인 곳마다 차가운 빗물 고이는 밤

쓰러질 듯 흔들리는
구부정한 감나무 여윈 그림자

마지막 손님

농익은 가을 햇빛 속으로
초등학교 동창생들을 싣고 기차가 달린다

마을 앞 감나무 꼭대기
야무지게 푸르던 우리들의 꿈 뒤로
어느덧 간이역을 빠져나갈 때마다
정다운 모습 하나씩 눈에 띄지 않는다

세월의 모퉁이 얼마나 휘돌아왔을까
찬바람 일으키며 끝으로 내달리는 여정
마지막까지 제 자리를 지키는 사람 누구일까

또 하나의 긴 터널을 막 빠져나와
헐렁해진 차 안은 짙은 적막으로 채워지고
차창 너머로 멀어져간 얼굴들이 연신 스쳐간다

흔들다리

허공에
길 하나 매달려 있다

한발 한발 내딛다가
뒤돌아보면 떠나온 곳 멀어져 있고
다시 고개 돌려 앞을 보면
건너갈 길 아득하다

바람에
몸을 맡기면
흔들림은 하나가 된다

흔들릴수록 산은 높이 솟아오르고
계곡은 아스라이 멀어지는데
숨었던 길 환히 웃으며 나를 이끈다

코스모스

가녀린 목에 두른
연분홍빛 지울까

구름 오던 길 돌아 흐르고
이슬 몸집 줄여 내려앉는다
바람은 앞서 나지막하게 스치고
비는 숨죽여 홀로 내린다

물가 갈대 비비대는 소리에
쓰러질 듯 하늘거리다

그리움 머금고 일어선 꽃잎
하늘 향해 맑게 웃는다

다리 밑 쉼터

예전엔 몰랐다
아침 해가 제대로 달궈지기도 전에
다리 밑에 사람들이 모이는 사연을

삼삼오오 게임에 몰두하고
몇 사람은 훈수의 시선을 던지다가
사각거리는 갈댓잎 소리에
혼자만의 생각에 아스라이 잠긴다

외로움의 알을 깨려는가
허공에 매달았던 시선 불러 내리고
사람들 틈에 끼어들어
살아가는 냄새에 취한다

예전엔 미처 몰랐다
마누라의 잔소리보다 더 무서운 것이
홀로 지고 가는 긴 시간이라는 것을

가을 길

모로 기울어진 짐 진 노인
저무는 들판을 건넌다

외로울 때는
길가 풀꽃들에 눈 맞추며
봄 언덕을 넘어오고
푸른 그늘 담긴 매미소리 조차
한 귀로 흘리며
헤쳐 온 한여름 뙤약볕

오랜 비바람 속에
무너질 듯 어깨 야위어가고
가슴에 품은 높은 산은
아득히 구름 위에 숨 쉬는데
길은 가도 가도 여전히 시방이다

흐를수록 홀로 깊어지는 강물처럼
걸음마다 쌓이는 침묵
가을 노을 아래 차갑게 빛난다

사랑의 숨결

꿈을 향해 나아가되
탐욕에 이끌리지 않게 하시고

때로는 쉴 수 있는 여유를 주시되
안일의 늪에 빠지지 않게 하소서

흘린 땀의 마땅한 결실을 맛보되
자만의 손짓을 외면하게 하시고

시시로 베푸시는 복을 받아 누리되
나누며 사는 넉넉함을 알게 하소서

나아가고 머무름이나
허락하신 것들을 누림과 나눔에
언제나 사랑의 숨결이 깃들게 하소서

빈 뜰 일기

삭풍이 몰아치자
되레 옷을 벗는 나무
비우고 내려놓는
지혜로운 나목의 숲
겨울밤
울 밖의 외로움
눈이 내려 덮는다

앙상한 뜰이 되니
그림자도 헐벗고
엎드려 가는 안개
숨을 곳을 찾는가
한밤에
눈뜨는 별처럼
빈 가지에 싹 트는 꿈

꽃 대궁 마른 가슴에
품고 있는 꽃씨들
갈증을 언제 풀까
조바심에 잠 못들다
가랑비
뜨락을 적시니
기지개를 켜고 있다

갈대

물거울에 비춰 보며
여린 몸을 세운다

나지막이
마음 씻어주고 예는 바람에
살며시 가슴 열어
찾아드는 새들을 품어준다

세월 따라 날 선 바람 앞에
부러지지 않으려 흔들리다가
맥없이 스러질 수는 없어
고개 들어 하늘을 보는 갈대

어느새 하얘진 꽃 높이 흔들어
뙤약볕에 바래다 남은 그리움
저만치 멀어진 하늘에 쏟다

지붕

바람에 덜컹거리며
세월의 녹이 가득 끼어 있는
고향 빈집 지붕

빗소리 들리면
핏빛 눈물을 흘리며 삭아만 간다.

아버지
좁은 산길 따라 떠나시던 날
홀로 남는 외로움을 몸에 새기고

이끼가 끼면 끼는 대로
넋 놓고 살아온 세월

기둥 세우고 지붕을 덮던
내 삶의 지붕
아버지의 흔적이 무너져 간다.

푯말

버드나무 그늘 아래
도막 꿈을 꾸다 깨어나

푸른 들판 길을 가려하는데
줄달음치는 세상은
팔차선 도로를 달리라 한다

달맞이꽃 환한 웃음에
한눈파는 사이
세월은 저만치 뒷모습만 보이고

풀꽃 향기에 취해 놀던 기억 속에서
고향 뒷동산을 누빈다

황혼 녘 길을 잃어버린 나그네
먼 세월 돌고 돌아
어릴 적 푯말 앞에 홀로 서있다

하루 그리기

아침에 눈을 뜨면
안개가 일으킨다

공을 치다 어깨 삐걱
산 오르다 무릎 덜컥

어디에
오늘 걱정을
놓고 갈 데 없을까

고요를 불러들여
귓속말을 불어넣고

벼루를 찾아내어
시계처럼 먹을 갈며

오늘은
처음 만난 공간
새로운 삶 그려보자

뒤돌아보는 마음

긴 세월 머무르다
떠나온 쪽 하늘을 향해
큰 소리를 띄운다

얼마큼 멀어지면
달려오다 쉰 메아리 마중하며
길어진 목 제 모습을 찾을까

얼마나 오래되어야
뒤안길 바람 소리 흘려보내고
앞산 밤하늘 별빛에
눈빛 모아 맞출 수 있을까

아직도 행여나 하는 마음은
이따금 뒤를 돌아보며 걷는다

시골 동창회

반세기 건너
옛 교정에 모인 얼굴들

나이테의 두께만큼
겉모습은 달라졌어도
어린 시절로 돌아가 뛰어 논다

청백 함성의 깃발 흔들며
운동장을 가르는 경주를 하고
노송들이 그득한 뒷동산 메아리
손나팔로 불러보기도 한다

기웃거리는 심술바람일랑
교문 밖 나뭇가지에 묶어두고
살며시 끼어드는 희뿌연 구름도
웃음 섞인 손뼉 소리로 내쫓는 벗님네들

희미해진 기억을 불러들여
옛 얘기에 취해 웃다가 보면
가로막았던 세월의 강을 넘는다

오늘도 피어나소서

비바람 속에 늦가을 들판을 걸어도
비틀댈지언정 넘어지지는 마소서

눈보라 속에 가파른 산을 넘어도
움츠릴지언정 주저앉지는 마소서

하늘에 검은 구름 햇살을 지워도
얼굴에 그늘 드리울망정 눈물짓지는 마소서

세월이 두꺼운 껍질로 나이테를 감싸도
향기 은은한 꽃으로 오늘도 피어나소서

여정

내 삶을 싣고
노선을 따라 기차가 달린다

할머니가 구워주신 군밤 받아먹던
손자 역이 아련하다.

어머니 허리춤에 꼭꼭 숨겼다가
살며시 건네주시던 용돈 받으며
뭉클한 가슴 쓸어내리던
아들 역 지나

험한 고개 올라가는 아들 딸
땀 젖은 손으로 등 밀어주던
애비역이 엊그제인데

어느새
세상 한 바퀴 돌아
귀염둥이 손녀 재롱에 시름 날리는
할배 역에 다다랐다.

세월이 몰고 있는 기차는
줄지어 선 역들을
점점 더 거센 바람을 일으키며 지나고 있다.

시방을 안고 살자

큰 강물이 되고 싶어
서두르는 냇물아

걸음을 잠시 멈춰
등에 업은 달을 보라

냇가에 풀꽃들 엉킨 뿌리
발길을 붙든다

바다에 가깝다고
물결 높인 강물아

구름일랑 앞세우고
깊은 하늘 품어라

긴 강둑 물빛 닿는 곳마다
숨어 핀 꽃 한창 붉다

노을빛 연

구름 속을 휘저으며
연 하나 날고 있다.

공중에 띄우지 못해
주저앉아 우는 아이에게
날고 있는 연은 하나의 별이었다.

서릿발 날 세운 아침에는
햇빛으로 줄을 삼아
멀리 날려 언 가슴을 덥히고

짙은 어둠이 내리쳐진 밤에는
별빛으로 줄을 이어
높이 띄워 길을 밝혔다.

세월의 거친 손에 붙잡힌 줄
끊임없는 당김질에 야위어가고
숱한 구름이 스친 얼굴에
굴곡진 풍상이 스며든다.

서산마루 걸친 노을 속
등 굽은 연이 난다.

늘어진 나이테 매달고
바람에 흔들리며 나는 연
노을빛이다.

한발 물러 바라보면

거친 세상을 건너면서
바람 같이 살자하여

날개를 높여 허공을 내달리면
때로는 날 선 바람이
앞질러 간다

뒤따르는 모양새가 슬프다지만
앞서간다는 건
쫓기는 꼴이 아닌가

나지막이 스스로를 비워
물처럼 흐르려 하나

작은 갈망이라도 세우면
수초들 떼 지어 걸음을 붙들고
길목마다 모래섬이 앞을 막아선다

소리 삼킨 강물 되어 흘러도
마침내 이르는 곳은 바다 아닌가

혼자 울어라

너 홀로 있다고
바람 없는 날
나뭇잎 깨우지 마라
안개가 새벽을 막아도
녹슨 종을 울리지 마라

하늘 비어있다고
구름 부르지 마라
쏟아지는 한낮 햇살 지운다
바람 소리 쓸쓸하다고
비를 모으지 마라
창공을 꿈꾸는 새
날개 젖는다

하루를 살아도 외로운 하루살이
불빛 찾아 날아들고
황혼 녘 호숫가 갈대
마른 잎새라도 부비고 싶어
서럽도록 흔들거린다지만

외로울 땐 밤하늘의 별을 세라
정말 더는 참을 수 없다면
소리도 없이 혼자 울어라

떠날 때

작약꽃 무리지어 웃음 짓는
호숫가 호젓한 언덕
달이 이울고 있다

꽃들의 미소 옅어지자
새벽빛 꽃망울 담기 위해
이슬 스치며 찾아오는 발길
하나 둘씩 잦아든다

물빛 좋은 자리 선뜻 내주지 못해
목까지 커 오른 새잎에 묻혀
가쁜 숨 내쉬는 갈대 향해
어서 따라오라고 손짓하던 작약꽃

밀려오는 진초록 물결에 호수를 내주고
두리번거리는 시선을 불러 모아 떠난다

나이

섣달그믐 밤이면
시곗바늘이 자정의 선을 넘자마자
세월이 슬며시 던져주는 선물

어려선 초승달이 차오르는 듯
하나 둘 받을수록
어깨를 으쓱이며
봄 동산 여름 들판을 누빈다

어느새 쭈뼛쭈뼛 돋아난 새치
하얀 무리를 이뤄
늦가을 바람에 나부끼면서
구부정한 그림자
무서리 내린 뜨락을 서성인다

숱한 비바람 눈보라 속을 헤쳐 오며
겹겹이 쌓인 나이테
두툼한 껍질이 푸근히 감싸지 않는가

해가 서산마루에 나직막이 걸렸어도
온기 스민 햇살 가슴 열어 담으며
이 순간을 안아 따스히 맞는다

짐

멀고 험한 사막
외로운 하소연 안으로 삭이며
무거운 등짐 지고 건너온 낙타
지탱할 수 있는 한계 넘어
비틀거리며 신음한다

짐 올려놓는 등
싸고도는 근육 줄기 여기저기
아픔이 쌓인 상처 자리 잡고
지나는 핏줄 속엔
눈물 배인 피가 흐른다

한 짐 지고 가는 절규의 길
감당해야 할 짐의 무게
내려놓고 풀어헤치자
텅 빈 가슴 통로 지난 한숨
서러운 소리마저 잃었다

미혹

썰물이 쓸고 간 갯벌 위에
설렘이 질펀하게 깔린 길을
한숨에 걸어 다다른 곳

갯바위가 낳은
돌덩이들로 둘러싸인 물웅덩이
숨바꼭질하는 물고기 떼에
시선을 오롯이 빼앗긴 채
바다가 던지는 웃음에 취해
시간을 잊었다가

출구를 하얗게 지우며
달려드는 바다의 흉포한 주먹질에
만판 잡은 물고기
바구니째 내동댕이치고
허겁지겁 들고나온 것은
달랑 목숨 하나

본향

꽃향기 속에서 눈떠
푸르름 품어내던 잎새

한여름 내리쏟는 햇살에 그을렸나
변덕스런 바람의 심술에 멍들었나
온몸이 붉어지도록 매달리다가
얼음 깨문 서리에 몸을 낮춘다

바닥 모를 어둠의 늪이
눈앞에 드리워져 있다
거센 물살의 강이
앞길을 지우고 있다

어디까지 비워야
바람 되어 늪 위를 건널 수 있을까
어느 정도까지 내려놓아야
비틀대지 않고 물결 넘어 갈 수 있을까

빈 가슴 되어 떠돌다가
가을비 차가운 손 숨긴 소슬바람 맞아
파리해진 나래 접고 내려앉으니

대지는 고요한 입맞춤으로
따스히 받아 안는다

뒤태

늦가을 오후 한적한 골목길
쑥덕거리며 뒤따라오는 한 무리
웃음 한 바가지 등에 퍼붓는다

하루하루 앞모습 세우느냐 급급하여
누군가에 수시로 얻어맞아
옹이가 솟아 있을 뒤통수
뒤돌아볼 틈도 없이 줄달음친 길

먼지 앉은 뒷거울을 들여다본다
그림자들만이 길게 따라붙어도
흐트러진 뒷모습을 매만지며
멀어진 웃음소리 쌉싸래한 여운을 지운다

서녘 하늘 여려진 햇살 비스듬히 누워도
허리를 곧추세워 뚜벅뚜벅 길을 간다

은혜

주여
비움으로
오히려 채워짐을
내려놓음으로
더없이 평안해질 수 있음을 알게 하소서
때로는 오래 참고 기다림으로
더욱 깊은 위로와 치유를 경험하게 하소서

그러나 그조차도
오직 주님의 은혜 안에서만
이루어짐을 온몸으로 깨닫게 하소서

가을의 단상

봄 언덕 넘어
여름 들판을 지나
가을 강가에 고개 숙인 갈대가 된다

봄에는 옷자락만 스치는 바람
왜 갈바람은 품속으로 스며드는가

신록은 산등성이를 타고 오르는데
단풍은 왜 계곡으로 흘러내리나

겉 뜨겁고 속은 얼음 같은 여름 강물
가을 되면 언제 그랬냐는 듯
겉은 차갑지만 깊을수록 더 따스해질까

세월은 바람같이 흐르면서
아래로 아래로 향하는 길을
남몰래 닦는 것인가

어떤 부부

울퉁불퉁한 욕망의 바위를 녹여
용암으로 분출하며 타오르는 화산

티 없는 눈을 얼려 산처럼 쌓아두었다
시시로 얼음 덩어리 떼내려 보내는 빙하

서로 다른 꿈을 안고 태어나
각기 제 길을 가다
마주한 불과 얼음의 인연
어울림의 한 마당을 펼치나

불덩이 부글댈 때마다
스스로를 녹인 물로 다독이고
얼음 조각 날이 서면
따스한 입김 불어내 달래준다

시시각각 이리저리 부는 바람을 아우르며
굽이굽이 휘돌아 온 두 시선의 끝에
긴 여정의 소실점이 어렴풋이 보인다

내딛지 못한 발자국

혼자 가면 거친 풀밭도
어깨동무로 가면 길이 되는가

벽에는 벽시계
책상 위에는 자명종
내 팔뚝에는 손목시계가
각기 다른 소리로 몰고 가는 세월

모질게 벼린 시계바늘로
책상 위에서 하루씩
벽에서는 한 달을 배어낼 때 마다
미처 내딛지 못한 발자국들이 쏟아진다

머뭇거리며 보낸 날들에
다 사르지 못한 아쉬움의 시선으로
검은 선을 긋다 보면
고스란히 새겨진 주름진 얼굴

덧없이 스러진 하루하루를 모아
속 깊이 아직도 빨간 불씨 숨 쉬는
어린 날의 모깃불을 피운다.

욕심

누구나 나름대로
한 짐을 지고 산다

낮에는 햇살에 시선을 빼앗겨
넓은 바작에 잔뜩 담아 비틀댄다
지나가는 구름에 조금 덜어주었다가
흩어진 햇살 조각도 쓸어 모은다

밤에는 달빛에 마음이 쏠려
망태기에 넘치도록 담는다
스쳐가는 안개에 떼어주나 했더니
별빛마저 가득 채워 짊어진다

빛이 고와 모으다가 눈이 어두워져
바람도 불러 풍선처럼 부풀리고
눈비마저 짊어져 등이 굽는다

한 짐을 지고 사는 것이 숙명이런가

웃는 얼굴

손톱달이 떠올라
가느다란 웃음을 짓는다
희망의 힘으로 반달이 되고
꿈에 부풀어 보름달로 차오른다

활짝 웃는 둥근 달이 빛을 돋운다
밤 바닷물에서 물고기와 뛰어놀고
과수원에서는 사과 빛으로 영글고
강강술래 소녀들 치맛자락을 따라 돈다

날이 갈수록 야위어 거슴츠레 그믐달이 된다
넘어져 우는 아이 눈앞에서 사라지고
헤어진 연인들의 창가에 고개 숙인다
어머니 계시지 않는 고향집 뒤안에 이운다

빛은 언제나 그림자와 함께 자라
우리 가슴속을 채워 둥근데
아픔은 어둠 뒤에 숨기고
웃는 얼굴만 보여 달이 된다

눈물

슬픔의 한 모퉁이에
불쑥 피어나는 영롱한 꽃

가장 안쪽의 가슴으로
아픔을 품어
남몰래 키워오다가
새벽녘에 내미는
진주 빛 이슬방울인가

모으지 마라
솟아날 때마다
바람 한 자락에 얹어 보내듯
서슴없이 눈두덩 위에 쏟아내어
침묵의 볕에 말려라

자국도 없이 사라진 자리에
쉬이 시들지 않을 사랑
해맑게 피어나리니

등정

해 질 무렵에야
산봉우리에 올랐습니다

도착은 곧 떠남을 의미하기에
발아래 아늑히 펼쳐진 광경을 향해
눈길조차 둘 겨를도 없이
내려갈 걱정을 합니다

흠뻑 젖은 땀 냄새
유유히 산을 넘는 바람에 실려 보내고
쫓기듯 오르며 돌부리에 채인 상처
머뭇거리는 저녁 햇살에 아물리는 여정

앞서간 발자취들이
켜켜이 쌓인 돌탑 위에
조그만 돌 하나를 조심스레 올려놓고
노을 진 내리막길을
먼 데까지 바라봅니다

넝쿨

벽돌담 위에 또 철조망을 둘러놓아
하늘만 빠끔히 보이는 뜰에

바람 흐르다 담벼락에 부딪혀
절뚝거리며 돌아가고
별빛 내려오다 철조망에 걸려
갈기갈기 찢긴 채 나풀대고 있다

울 밖으로 나가고 싶어
하늘만 바라보고 오르는 나무들
절망도 함께 자라는가
바깥세상 멀기만 한데

초원을 뒹구는 들풀 넝쿨은
바람결에 몸을 맡긴 채 춤을 추면서
폭포처럼 쏟아지는 달빛을 흠뻑 마신다

안식

소슬바람이 건듯 일어
나뭇잎 깊은 잠을 깨운다

봄을 넘고 여름 건너
허허로운 가을 길
핏줄이 솟고 등은 굽었어도
저 먼 곳이 깊이 보이는가

허튼 꿈이 이제야 부끄러운지
어느새 붉어진 낯으로
실가지 끝에 힘겹게 매달려있더니
허공을 한동안 맴돌다
소리도 없이 내려앉는다

가을비에 젖은 땅에 자리 틀어
꿋꿋이 지고 온 짐을 풀고
한숨 돌리니
어둠이 고요히 찾아드는 노을 녘

짙은 구름 겹겹이 머물던 자리에
첫눈이 내려 포근히 덮는다

나에게

나이어서 고맙다
나의 몸아 나의 영혼아

갈림길 마주하면 주저하고
낯선 곳에 이르면 두리번거리면서도
꽃 한 송이 피우려는가
하늘 우러러
별빛을 모으는 목마름

때로는 넘어질 듯 비틀거리는 걸음
부둥켜안아 일으켜서
눈물로라도 길을 닦아
날개를 펼치려는 간절함
그리고 진한 땀방울의 흔적
대견하기도 하다

몸이 부서져 흙으로 가는 날
영혼은 드리우던 그림자 바람결에 보내고
영원의 고요 속에 안길 것이니
이 순간을 오롯이 사랑하자

세월

차창 밖 바라보면
산야가 연신 숨고

배 위에 서 있으면
바다가 멀리 넘는데

멍하니 서 있는 마음
끌려가다 업혀간다

비바람에 씻긴 꽃눈
잔잔한 날 곱게 피고

눈보라가 달군 솔잎
맑은 날에 빛났는데

어느새 달려온 세월
석양빛에 젖었다.

호숫가의 억새

기우는 햇살이 걸음을 서두르는
늦가을 오후 대청호 둘레 길

물가에 내려서는 억새
언덕으로 오르는 갈대와 만나
서로를 보듬고 있다

짐짓 고개를 숙이고 있으면
어깨를 흔드는 바람
하늘 향해 꼿꼿이 목을 세우면
시절에 맞춰 구부리라 성화다

지나는 행인은 또
걸어온 길을 거두어들이는 해질녘에
청승스레 잎 벼리는 소리 낸다지만
마른 잎새 부서지는 아픔을 어찌 알까

산 노을 깊어지는 호숫가에
야윈 그리움이 고요히 젖어든다

가을 숲 고요에 젖다

서둘러 툭 하고 지는 낙엽
어스름 달빛 아래 뒹군다

어릴 적 고향
먼 뱃고동 소리처럼
희미하게 잦아드는
섬돌 아래
귀뚜라미 울음소리

뜻밖의 부음이라도 들었을까
소슬바람에 얹혀오는
깊은 가슴속을 우려낸 듯
슬프디슬픈 곡조

긴 겨울의 발자국소리
문 앞에 들리는데
눈물을 딛고 마주하려나
별안간 숲이 고요에 젖는다

홍비표 시집 해설

| 홍비표 시집 해설 |

길 끝에서 찾은 행복의 의미
- 홍비표 시인의 제1시집을 감상하며 -

문학평론가 리 헌 석
(사) 문학사랑협의회 이사장

1.
  홍비표 시인은 1951년 충청남도 서천의 가난한 농가에서 7남매 중 셋째로 태어나 성장합니다. 동족상쟁인 6·25의 포화소리를 어머니의 태중에서 겪었을 터이며, 전후(戰後)의 신산(辛酸)한 세월을 감내한 세대입니다. 당시 서민들의 생활이 그러했듯이, 넉넉지 않은 가정형편으로 시인은 틈틈이 농사일을 도우면서 공부하여야 했고, 십 리가 넘는 길을 걸어서 등·하교하였다고 회상합니다.
  시인과 그 세월을 공유한 필자는 시집의 작품들이 1인칭으로 다가서는 감정의 회오리를 만납니다. 통칭 '6·25 동이'들은 전쟁의 포화소리만큼이나 삶에 대한 적극성이 내면화되어, 세상을 살아내는 데에도 치열함을 보였던 것 같습니다. 전흔(戰痕)을 떨치고 일어서기 위해, 스스로

만난(萬難)을 극복할 수밖에 없는 운명이었고, 대부분 이를 수용하면서 자수성가한 사람들입니다. 홍비표 시인의 삶 역시 그런 것 같습니다.

  시인은 공주사범대학을 졸업한 후 중등학교 교사로 봉직합니다. 교감과 교장을 거쳐 정년퇴임에 이르렀을 때, 미루어 놓았던 문학창작의 길에 나섭니다. 여러 해 창작한 작품으로 등단과정을 거칩니다. 그 작품들을 모아 고희(古稀, 70세) 기념으로 시집 『한발 물러 고요를 보다』를 발행합니다. 이 시집에 수록된 작품을 감상하며, 그의 삶이 오롯하게 담긴 시를 만납니다.

  벼랑 위 나뭇잎을
  먹어 본 산양은
  초원 풀잎의 부드러움을 안다.

  날선 비바람에 시달린 잎새
  산들바람과 속삭임조차 다정하다.

  등짐 지고 사막을 건너온 낙타
  맨몸으로 울리는 방울 소리처럼

  짙은 안개 속에서
  긴 밤 지새운 나무 한 그루
  이슬 털며 맨발로 맞는 아침 햇살처럼

  어둠과 빛 사이 오가는 길에
  환한 기운을 소롯이 모아

비로소 피어나는 꽃인가.
　　　－「행복」전문

　지나온 삶과 현재의 삶을 통해 주제를 전달하는 비유적 형상화가 빛납니다. 바위들이 쌓여 있는 벼랑 위에서 자란 나무들의 잎새, 환경적 요인으로 크게 자라지 못하는 나무들의 거친 잎새를 먹어 본 '산양'은 초원에서 만나는 풀잎의 부드러움을 행복으로 수용합니다. 날선 비바람에 시달린 잎새와 산들바람이 지어낸 속삭임도 다정하게 인식합니다. 어려웠던 세월을 건너와 이제 평안 속에서 행복을 느끼는 내면의 반향(反響)이 담겨 있습니다.
　시인은 벼랑에서의 삶을 거쳐 초원에 도달하기까지의 상황을 3연과 4연으로 정리합니다. 〈등짐 지고 사막을 건너온 낙타〉는 시인의 보조관념일 터이고, 〈긴 밤 지새운 나무 한 그루〉 역시 그러할 터입니다. 사막을 건너 오아시스에 이르러 험난한 여정을 마친 상황이나, 이슬 털며 맨발로 맞는 나무의 아침은 동일 이미지로 기능합니다. 그리하여 5연의 '환한 기운'을 소롯이(오롯이) 모아 피어나는 꽃이 '행복'이라고 정의합니다.
　'행복'은 추상명사여서 사람마다 다르게 마련입니다. 따라서 독자들은 홍비표 시인이 구체적으로 그려낸 형상화를 통하여, 그만의 개성적 '행복'을 공유할 수 있으며, 그 행복을 서로 나누는 것이 독서의 기쁨이기도 합니다.

2.

　홍비표 시인의 「행복」에서 만난 낙타는 시인 자신의 비유적 투영이고 상징적 보조관념일 터입니다. 따라서 이 '낙타'는 행복을 향하여 행군하는 매개체로 존재합니다. 작품 「오아시스」에서 〈낙타는 외로움을 지고 걷는다.〉고 합니다. 시인 역시 성장기와 중년기의 삶이 이와 같지 않았을까 추측하게 합니다. 〈아무도 곁을 허락하지 않아/ 그림자 혼자 따라오는 사막〉을 외롭게 걸어야 했던 것 같습니다.

　때로는 절망적 상황에 직면하기도 합니다. 〈바람이 앞선 발자국들을 다림질하고/ 모래를 옮겨 낯선 언덕〉을 만들어 길을 지웁니다. 그래도 낙타는 본능적으로 목적지를 찾아 걸어야 합니다. 그는 〈방향조차 잡을 수 없는 모래벌판 위에/ 지워지지 않는 길을 그려 넣〉으며, 〈긴 목마름을 채워주는 오아시스〉를 향해 걷습니다. 이러한 자세는 작품 「오솔길」에도 투영되어 있습니다. 〈내 마음 안으로 채찍질하여/ 나만 홀로 걸을 길을 닦는다〉에서 '새 길'을 찾아 〈내면의 꽃이 피는 바람 소리/ 그치지 않는 푸른 숨소리/ 귀 기울이며 살아가는〉 '오두막집'에 이르기를 소망합니다. 이처럼 멀고 힘든 길을 걸어 '오아시스'와 '오두막집'에 이른 그의 성취를 만납니다. 이와 같이 행복을 향한 그의 노정(路程)은 가족과 연계되어 더 절실하게 마련입니다.

　가느다란 물줄기 하나
　내 가슴속에 솟아난다.

일곱 남매 품고 사신 어머니
가슴 속을 굽이쳐
아홉 식구 무게에 눌려
굽은 아버지 등을 스치더니
어느덧 개울 되어 소리한다.

힘겨운 부모님 곁에서
삶의 무게 나누며
맏아들로 살아온 형님의 어깨를 스쳐
아우들과 누이들이 가꾸는 뜰에
시시로 몰아치는 비바람
데리고 흘러 큰 물줄기를 이룬다.

길고 험한 고개 넘어 길을 찾는
자식들의 땀방울이 흘러들고
새벽마다 꿇는 무릎 적신
아내의 눈물이 스며들어
큰 강물이 된다.

모래톱에 막히면 굽이굽이 돌아가고
바위에 부딪혀도 눕지 않고 흐른다.
뒤따라오며 그늘 드리우던 구름 사이
비집고 나온 한 줄기 햇살이 마냥 해맑다.
　　　　　－「실개울 강물이 되어」 전문

　시인의 가슴에 흐르는 '가느다란 물줄기'는 가족에 대

한 사랑일 터입니다. 그 물줄기의 시원(始原)은 일곱 남매를 품고 사신 어머니의 가슴에 넘치던 사랑입니다. 그 사랑은 아홉 식구 무게에 눌려 굽은 아버지 등을 스치며 사랑의 물줄기를 이룹니다. 시인의 시선은 부모님의 희생과 함께 맏형의 우애로 열립니다. 힘겨운 부모님 곁에서 그 삶의 무게를 나누어 진 '맏아들 형님'의 어깨를 지나, 아우들과 누이들이 가꾸는 뜰에 때때로 몰아치는 비바람과 함께 큰 물줄기를 이룹니다.

이렇게 두 세대의 물줄기가 흐른 다음에는 아내의 눈물이 스며들어 강물을 이룹니다. 시인과 함께 교육자로 평생을 봉직한 아내의 합수(合水)로 이루어진 강물은 힘을 얻습니다. 모래톱에 막히면 돌아갈 줄도 알고, 바위에 부딪혀도 쉬지 않고 흐릅니다. 가끔 그늘을 드리우던 구름이 뒤를 따라 오지만, 그 구름과 구름 사이로 한 줄기 햇살이 얼굴을 내밀어 시인의 마음은 해맑을 수 있습니다. 이제 그 맑은 사랑에 자녀들의 '땀방울'이 보태어져 흐르는 강은 '물비늘'처럼 반짝이며 행복을 짓습니다.

살다 보면 힘든 일도 있게 마련입니다. 그럴 때마다 가족의 사랑이 있어 그를 버티게 합니다. 작품 「인연」에서 〈한 올 한 올 엮어진 가느다란 끈/ 굵은 줄 되어 두 마음을 묶어놓더니/ 방황하는 영혼〉마저 비끄러매는 부부의 '심혼(心魂)'을 노래합니다. 또한 작품 「동거」에서 〈겨울 지난 아픔 봄비에 지우고/ 상처에서 흘러나와 쌓인 슬픔/ 따사로운 햇살에 미소로 벙근다.〉면서 행복의 이미지화에 성공합니다.

3.

현대시의 성공 여부를 '살아 있는 비유'로 인식하는 것이 일상화되어 있습니다. 그러기에 시인들은 '시는 비유다'라는 명제에 매달리게 되고, 살아 있는 비유를 찾기 위해 고심의 나날을 보내게 마련입니다. 홍비표 시인도 다양한 작품을 창작하고 있지만, 그의 시혼(詩魂)이 빛나는 작품은 비유를 바탕으로 빚어진 것들이어서, 그는 현대시의 정곡(正鵠)에 다다랐다고 할 것입니다.

그는 현대시 성공의 열쇠로 작용하는 비유를 통한 이미지 생성에 능수능란합니다. 작품 「물구나무서기」의 〈수양버들 가지마저 묶어 매고/ 냇물이 고요를 펼친다〉에서 보이는 시각적 이미지는 시인의 '문학적 성취'일 터입니다. 또한 시 「달맞이꽃」의 〈황혼의 강을 건너서/ 저녁이 찾아들 즘에/ 그대는 홀로 등대가 되어/ 풍랑에 지친 나를 맞는가〉 등에서 보이는 고도의 은유가 작품성을 높입니다. 그리하여 〈내 사랑/ 선홍빛으로 젖어드는 밤이면/ 꿈길로 떠나 하늘을 난다〉면서 「나만의 별」에서 사랑을 고백합니다. 이렇게 아름다운 정서는 고향으로 이어지기도 합니다.

긴 세월 바닷물에 안긴 갯바위는
조약돌을 낳아 기르고
밀려드는 파도의 이랑마다
바람의 긴 머리칼이 펄럭이는 곳

외로운 발자국들이 묻히고

옛이야기 수북이 쌓인 모래언덕에는
오늘도 그리움들이 해당화로 핀다.
　　　　－「내 고향」 일부

황혼기에 든 시인의 정서는 별처럼 반짝이는 동심(童心)으로 향합니다. 어릴 적 바닷가 고향 마을은 아름다운 서정의 샘터로 기능합니다. 〈달이 빛을 돋우는 밤이면/ 신명난 물고기들은/ 바닷물에 별빛을 뿌린다.〉고 노래합니다. 파도가 잔잔하게 치는 밤에 달이 밝으면, 낮보다 더 반짝이는 물비늘이 일렁일 터입니다.

그러던 바다는 낮에 아이들의 놀이터가 되고, 꿈을 가꾸는 배움터가 됩니다. 아침 햇살이 포근하게 비추면 모래밭에서 뛰어노는 아이들의 함성이 환청처럼 들리게 마련입니다. 그 함성은 옛날 돛을 단 고깃배를 불러오게 마련이고, 그 돛대 위로 갈매기들이 떼지어 날 터입니다. 그 하늘 아래 푸른 꿈을 품은 바위들도 먼 바다를 향하여 가슴을 내밀 터입니다. 그 바위는 세상을 향한 시인의 가슴으로 이어지게 마련이고, 이러한 시심이 놀라운 작품을 빚습니다.

고향을 자주 찾아가도 돌아서면 그리운 것이 고향이어서, 시인은 사진을 촬영하여 거실에 전시합니다. 그리하여 〈아파트 거실 한쪽 벽에/ 한 폭의 고향이 산다〉는 비유를 생성합니다.

냇가의 버드나무 실가지
뒤꼍의 사각거리는 대나무 잎

앞마당 감나무 꽃을 모아다가
아버지 땀이 배어든 채전 흙
어머니의 기도 스민 샘물 섞어 지은
제비집 하나 숨어있다.

어린 싹 그늘막 지어주는 구름
넘어진 청보리 한숨 흩트리는 바람
늦장 부리는 대추나무 움 틔우는 빗소리
멀리 나갔던 어미 제비 돌아오자
새끼들의 입 벌리는 소리가
어우러져 하늘에 가득하다.
— 「젊은 고향」 일부

  이와 같은 형상화는 젊은 시절에 떠나온 고향을 시인에게 되돌리는 힘이 됩니다. 그리하여 〈추억들이 모여 있는 풍경 속에는/ 멀리 있어도 가까이 보이는/ 젊은 고향이 늘 숨 쉬고 있다〉고 노래합니다.
  그의 고향 앞바다에는 무인도가 하나 있는가 봅니다. 그곳에 가면 어느 사막에서나 만날 수 있는 모래바람이 되는가 봅니다. 흔들어 깨울 나무도 없고 일으켜 세울 풀잎도 없어. 모래 몇 줌 공중에 뿌리다, 끝내 메아리를 불러내지 못하고 허공을 맴도는 고향이 있는가 봅니다. 이처럼 그리운 고향, 〈한 자락 바람으로/ 한줄기 비가 되어〉 그 고향을 찾아가 보아도 반기는 사람이 없습니다. 그래서 오늘의 고향은 시인의 가슴에 남아 있는 고향 앞바다의 외로운 무인도가 됩니다. 만나도 가슴에 닿지 않는 무인도로 남아 있습니다. 그리하여 찾아간 '정겨운 고향'에서 '절대적 외로움'을 시로 빚어 쓸쓸한 정서를 환기합니다.

4.

 이렇게 허허로운 시인의 가슴에 새롭게 자리를 잡은 것이 시조(時調) 창작입니다. 시조를 통하여 우리 고유의 가락을 찾아내고, 700여 년 역사가 숨 쉬고 있는 시조를 오늘에 되살리고자 합니다. 시인의 이러한 지향이 눈물겹게 고맙습니다. 시인에게 서정의 텃밭으로 기능하는 '고향' 역시 시조 작품으로 다시 태어납니다. 고향을 찾아간 시인은 〈세상이 다 변해서/ 고향길도 낯선데// 산비탈 들꽃들만/ 물끄러미 바라보다// 굽어진 등허리에 내려/ 반겨주는 노을 한 폭〉을 그려냅니다.
 고향으로 가는 길에 시인은 산비탈의 들꽃을 물끄러미 바라봅니다. 그때 시인을 반기는 노을 한 폭이 굽은 등허리에 내립니다. 이런 첫 수의 발상을 이어받은 둘째 수의 초장(初章)이 작품의 백미(白眉)로 작용합니다. 노을이 등에 내려 〈등짐이 무겁다고/ 삶을 덜어놓고 가랴〉에서 보이는 설의법 형식의 반어(反語)를 통하여 시인의 섬세한 시심을 만납니다. 그 시심은 〈북소리 추임새로/ 처진 어깨 추켜세워// 한 걸음 또 한 걸음씩/ 돌아오는 길손〉이 되어 스스로 극복하는 힘을 얻습니다. 이런 깨달음을 시조 작품 여러 편에 투영하고 있습니다.

햇살 내려 보듬는
둥우리 안 웃음꽃

비바람에 흔들려도
마음 다져 피웠나니

겸허히
하늘 우러러
기도 쌓는 여정이다.
  - 「삶」 2연시조 중 둘째수

시인은 미루나무 꼭대기에 아득히 걸려 있는 까치집을 봅니다. 까치 부부는 푸른 깃털이 해지도록 수없이 재료를 물어다 집을 짓고, 가정을 꾸리고, 새끼를 길러내었을 터입니다. 그 까치 부부는 내년에도 집을 수리할 것이고, 그리하여 완성된 집에서 새끼를 길러낼 것입니다. 이런 것이 삶의 대유(代喩)라는 깨달음을 시조에 담아냅니다. 이러한 깨달음은 〈겸허히/ 하늘 우러러/ 기도 쌓는 여정이다〉에서 화룡점정(畵龍點睛)을 이룹니다. 특히 '기도 쌓는 여정'과 같은 형상화의 경지는 아무나 이르는 것이 아닐 터, 그리하여 홍비표 시인의 문학적 자질을 새롭게 평가받게 합니다.

큰 강물이 되고 싶어
서두르는 냇물아

걸음을 잠시 멈춰

등에 업은 달을 보라.

냇가에 풀꽃들 엉킨 뿌리
발길을 붙든다.

바다에 가깝다고
물결 높인 강물아

구름일랑 앞세우고
깊은 하늘 품어라.

긴 강둑 물빛 닿는 곳마다
숨어 핀 꽃 한창 붉다.
　　　　　 – 「시방을 안고 살자」 전문

　시조는 정형시로서 단조로운 형식을 기본으로 하고 있지만, 그 주제는 참으로 다양합니다. 서경(敍景)을 노래하는 작품은 물론, 남녀 간의 상열지사(相悅之詞), 사회에 대한 풍자, 나아가 정치적인 노림수마저 담고 있습니다. 그중에서 교훈을 담아내는 작품도 큰 비중을 차지합니다. 이 작품은 비유를 통하여 '서둘지 말라'는 교훈을 에둘러 제시하고 있습니다. 이는 평생 교육자로 봉직한 내면의 반향으로 보입니다. 그러나 의도를 강하게 드러내기보다는 형상화를 통하여 넌지시 제의하는 양상이어서 작품의 품격을 높이고 있습니다.
　교훈을 제시하면서도 〈걸음을 잠시 멈춰/ 등에 업은 달을 보라〉〈냇가에 풀꽃들 엉킨 뿌리/ 발길을 붙든다〉

등에서 보이는 표현은 놀라운 바가 있습니다. 〈구름일랑 앞세우고/ 깊은 하늘 품어라〉〈긴 강둑 물빛 닿는 곳마다/ 숨어 핀 꽃 한창 붉다〉 등의 표현은 경이로운 감동을 생성합니다. 이와 같이 멋진 표현으로 시조를 빚으면, 단순한 형식으로 외면 받는 시조의 부활에 큰 힘을 보탤 터입니다.

5.
홍비표 시인은 자유시 창작뿐만 아니라 정형시인 시조의 창작에도 집중합니다. 특히 마음을 다한 기도에서 뜨거운 공감대를 형성합니다. 절대자에 대한 기도는 자신의 간절한 마음을 담아내기에 독자들도 그와 동일한 정서를 공유하게 됩니다. 대부분 설명이 필요 없을 정도로 간명하고 쉽습니다.

꿈을 향해 나아가되
탐욕에 이끌리지 않게 하시고

때로는 쉴 수 있는 여유를 주시되
안일의 늪에 빠지지 않게 하소서

흘린 땀의 마땅한 결실을 맛보되
자만의 손짓을 외면하게 하시고

시시로 베푸시는 복을 받아 누리되

나누며 사는 넉넉함을 알게 하소서

나아가고 머무름이나
허락하신 것들을 누림과 나눔에
언제나 사랑의 숨결이 깃들게 하소서
            - 「사랑의 숨결」 전문

  홍비표 시인의 기도문은 옷깃을 여미게 하는 마력을 내재하고 있습니다. 그는 「때」에서 〈그 어느 것보다도/ 주님의 은혜를 구할 때를/ 알게 하소서〉 기도합니다. 그리고 「오늘도 피어나게 하소서」에서 〈비바람 속에 늦가을 들판을 걸어도/ 비틀댈지언정 넘어지지는 마소서〉 〈눈보라 속에 가파른 산을 넘어도/ 움츠릴지언정 주저앉지는 마소서〉 〈하늘에 검은 구름 햇살을 지워도/ 얼굴에 그늘 드리울망정 눈물짓지는 마소서〉 〈세월이 두꺼운 껍질로 나이테를 감싸도/ 향기 은은한 꽃으로 오늘도 피어나소서〉 등의 아름다운 소망을 승화합니다.
  이와 같은 그의 기도와 소망을 독서하며, 6·25 동이'로서 성장기의 신산(辛酸)을 공유하였던 인연을 다시금 상기합니다. 간난(艱難)의 세월을 극복하고 서정의 꽃을 피운 작품 감상은 눈물겨운 바가 있습니다. 이런 감동으로 그의 첫 시집 발간을 축하합니다.

한발 물러 고요를 보다
홍비표 시집

| 발 행 일 | 1쇄 2020년 03월 18일
| | 2쇄 2020년 04월 20일
| 지 은 이 | 홍비표
| 발 행 인 | 李憲錫
| 발 행 처 | 오늘의문학사
| 출판등록 | 제55호(1993년 6월 23일)
| 주   소 | 대전광역시 동구 대전로867번길 52(한밭오피스텔 401호)
| 전화번호 | (042)624-2980
| 팩시밀리 | (042)628-2983
| 전자우편 | hs2980@hanmail.net
| 카   페 | cafe.daum.net/gljang(문학사랑 글짱들)
| | cafe.daum.net/art-i-ma(월간 충청예술문화)

공 급 처 | 한국출판협동조합
주문전화 | (02)716-5616
팩시밀리 | (02)716-2999

ISBN 979-11-6493-038-8 03810
값 10,000원

ⓒ 홍비표 2020

* 이 책은 ㈜교보문고에서 eBook(전자책)으로 제작하여 판매합니다.
* 잘못 제작된 책은 바꾸어 드립니다.